서문

엄마의 삶은 늘 분주함의 연속입니다. 아이를 키우고 가족을 챙기고 집안을 돌보는 동안 시간은 정신없이 흘러갑니다. 그러던 어느 날 문득 깨닫게 됩니다. 엄마로 사느라 잊어버린, 잃어버린, 놓쳐버린 꿈으로부터 자신이 얼마나 멀리 떠나왔는지를. 이 책에는 엄마로서 살아가는 당신의 하루를 채우는 작지만 소중한 일들과 어려움, 의미 있는 성취 등에 대해 생각해보는 기회를 제공하는 질문들이 담겨 있습니다. 지금부터 5년 동안 매일 짧은 기록을 통해 좀 더 성장하는 삶, 더 많은 결실을 얻는 삶을 위한 지혜를 전부 담을 수 있습니다. 무엇보다 엄마만이 누릴 수 있는 소중하고 행복한 경험을 선물 받게 될 것입니다.

Q&A A DAY FOR MOMS : 5-YEAR JOURNAL by Potter Style

Copyright © 2015 by Potter Style.
All rights reserved.

This Korean edition was published by midnight bookstore in 2016
by arrangement with Potter Style, an imprint of the Crown Publishing Group,
a division of Penguin Random House LLC through
KCC(Korea Copyright Center Inc.), Seoul.

이 책은 ㈜한국저작권센터(KCC)를 통한 저작권자와의 독점계약으로
㈜심야책방에서 출간되었습니다. 저작권법에 의해
한국 내에서 보호를 받는 저작물이므로 무단전재와 복제를 금합니다.

JANUARY

1

오직 나 자신만을 위한
새해 계획은 무엇인가?

20____ • _____

20____ • _____

20____ • _____

20____ • _____

20____ • _____

JANUARY

가족을 위한 새해 계획은 무엇인가?

20___ •

20___ •

20___ •

20___ •

20___ •

JANUARY

아버지에게 하고 싶은 이야기는?

20 ___ . ___

20 ___ . ___

20 ___ . ___

20 ___ . ___

20 ___ . ___

JANUARY

마지막으로 춤을 춘 것은
언제인가?

20____ • _____

20____ • _____

20____ • _____

20____ • _____

20____ • _____

JANUARY 5

시간 가는 줄 모르고
밤을 새워 해본 일은?

20____ • _____

20____ • _____

20____ • _____

20____ • _____

20____ • _____

JANUARY

현재 여자로서의 나의 자신감은
어느 수준인가?

20___ . _____

20___ . _____

20___ . _____

20___ . _____

20___ . _____

JANUARY

아이를 생각할 때 떠오르는 냄새는?

20 ___ · _____

20 ___ · _____

20 ___ · _____

20 ___ · _____

20 ___ · _____

JANUARY

8

오늘 무슨 일로 미소를 지었는가?

20____ · _____

20____ · _____

20____ · _____

20____ · _____

20____ · _____

JANUARY

살면서 언제 경이로움을 느끼는가?

20 ___ •

20 ___ •

20 ___ •

20 ___ •

20 ___ •

10 JANUARY

이번 주에 가장 기분 좋았던 포옹은?

20___ • _____

20___ • _____

20___ • _____

20___ • _____

20___ • _____

JANUARY

가장 최근에 도서관에서 빌려본 책은?

20___ • _____

20___ • _____

20___ • _____

20___ • _____

20___ • _____

12

JANUARY

솔직히 말해서 _____는(은)
나를 미치게 만든다.

20 __ . _____

20 __ . _____

20 __ . _____

20 __ . _____

20 __ . _____

JANUARY 13

요즘 아이의 관심사는?

20 ___ .

20 ___ .

20 ___ .

20 ___ .

20 ___ .

JANUARY

내 삶의 지혜로운 동행은?

20 ___ •

20 ___ •

20 ___ •

20 ___ •

20 ___ •

JANUARY 15

지금 내 머릿속을
사로잡고 있는 생각은?

20 ___ •

20 ___ •

20 ___ •

20 ___ •

20 ___ •

16

JANUARY

아이에게 꼭 물려주고 싶은 것은?

20____ •

20____ •

20____ •

20____ •

20____ •

JANUARY

최근에 '전혀 예상하지 못했는걸'이라고
생각했던 일은 무엇인가?

20___ . _____

20___ . _____

20___ . _____

20___ . _____

20___ . _____

18

JANUARY

독학으로 배우고 싶은 것이 있다면?

20 ___ • _____

20 ___ • _____

20 ___ • _____

20 ___ • _____

20 ___ • _____

JANUARY 19

친구들보다 한발 앞서 있는 것은?

20___ ·

20___ ·

20___ ·

20___ ·

20___ ·

JANUARY

하루에 오롯이 나만을 생각하는
시간은 얼마나 되는가?

20 ___ •

20 ___ •

20 ___ •

20 ___ •

20 ___ •

JANUARY

나는 _____를(을) 위해
돈을 모아야 한다.

20___ •

20___ •

20___ •

20___ •

20___ •

JANUARY

언제 차분하고
편안한 느낌을 갖는가?

20___ •

20___ •

20___ •

20___ •

20___ •

JANUARY

마음에 깊이 품고 있는
문장 하나를 적어보자.

20___ •

20___ •

20___ •

20___ •

20___ •

JANUARY

가장 최근에 다른 엄마에게
전수해준 것은 무엇인가?

20___ • _____

20___ • _____

20___ • _____

20___ • _____

20___ • _____

JANUARY

거울 앞에 서면
어떤 느낌이 드는가?

20____ · _____

20____ · _____

20____ · _____

20____ · _____

20____ · _____

JANUARY

최근에
'처음' 경험해본 일이 있다면?

20___ •

20___ •

20___ •

20___ •

20___ •

JANUARY 27

사람들이 나를 아이 엄마로 보는 이유는 _____ 때문일 것이다.

20___ •

20___ •

20___ •

20___ •

20___ •

JANUARY

어제 잠들면서 한 생각은?

20___ · _____

20___ · _____

20___ · _____

20___ · _____

20___ · _____

JANUARY

나만의 규칙이나 원칙이 있는가?
무엇인가?

20___ •

20___ •

20___ •

20___ •

20___ •

30 JANUARY

육아에 관한 조언들 중에서
내가 절대로 동의할 수 없는 내용은?

20 __ •

20 __ •

20 __ •

20 __ •

20 __ •

JANUARY 31

사랑하는 사람들과
늘 함께하고 있는가?

20 __ • _____

20 __ • _____

20 __ • _____

20 __ • _____

20 __ • _____

1 FEBRUARY

엄마가 되어 얻은 가장 큰 깨달음은?

20 _ · _____

20 _ · _____

20 _ · _____

20 _ · _____

20 _ · _____

FEBRUARY

결혼은 인생의 무덤일까?

20____ • _____

20____ • _____

20____ • _____

20____ • _____

20____ • _____

FEBRUARY

혼자 여행할 수 있다면
가장 가보고 싶은 곳은?

20___ •

20___ •

20___ •

20___ •

20___ •

FEBRUARY

최근 마음에서 지워버린 사람은?
그 이유는?

20 ___ . _____

20 ___ . _____

20 ___ . _____

20 ___ . _____

20 ___ . _____

5 FEBRUARY

나만의 우울증 처방전이 있다면?

20 _____ •

20 _____ •

20 _____ •

20 _____ •

20 _____ •

FEBRUARY 6

엄마가 된 후에 더 강해졌는가,
약해졌는가? 둘 다인가?

20____ • _____

20____ • _____

20____ • _____

20____ • _____

20____ • _____

FEBRUARY

조만간 읽고 싶은 책은?
그 이유는?

20 ___ •

20 ___ •

20 ___ •

20 ___ •

20 ___ •

FEBRUARY

우리 아이 곁에 _____가 있어서
정말 다행이야.

20__ .

20__ .

20__ .

20__ .

20__ .

FEBRUARY

지금 다이어트가 필요한가?

20___ • _____

20___ • _____

20___ • _____

20___ • _____

20___ • _____

FEBRUARY 10

내가 반복적으로 하는 행동은
무엇인가?

20____ • _____

20____ • _____

20____ • _____

20____ • _____

20____ • _____

FEBRUARY

11

언제 설레고 가슴이 뛰는가?

20___ ·

20___ ·

20___ ·

20___ ·

20___ ·

FEBRUARY 12

아이와 함께 _____를(을) 하는 시간이 정말 소중하다.

20___ • _____

20___ • _____

20___ • _____

20___ • _____

20___ • _____

13

FEBRUARY

거절하기 힘든 일은
무엇인가?

20 ___ · ___

20 ___ · ___

20 ___ · ___

20 ___ · ___

20 ___ · ___

FEBRUARY

어느 분야의 뉴스에
관심을 갖고 있는가?

20____ . _____

20____ . _____

20____ . _____

20____ . _____

20____ . _____

15

FEBRUARY

내 삶의 활력소는 무엇인가?

20___ •

20___ •

20___ •

20___ •

20___ •

FEBRUARY

나만의 새해 계획은
차근차근 이루어지고 있는가?

20 _ _ . _____

20 _ _ . _____

20 _ _ . _____

20 _ _ . _____

20 _ _ . _____

17

FEBRUARY

가장 최근에 갓 태어난 아기를 안아본 적은?
어떤 느낌이었나?

20___ • _____

20___ • _____

20___ • _____

20___ • _____

20___ • _____

FEBRUARY 18

출산을 코앞에 둔 예비 엄마들에게
해주고 싶은 말은?

20 ___ •

20 ___ •

20 ___ •

20 ___ •

20 ___ •

19

FEBRUARY

아이가 어떤 배우자를
만나면 좋겠는가?

20 ___ • _____

20 ___ • _____

20 ___ • _____

20 ___ • _____

20 ___ • _____

FEBRUARY

지금껏 살면서
가장 큰 기적은 무엇이었나?

20___ •

20___ •

20___ •

20___ •

20___ •

FEBRUARY

내 마음을 사르르 녹여주는 것은
무엇인가?

20___ •

20___ •

20___ •

20___ •

20___ •

FEBRUARY

나는 _____에
안도감을 느낀다.

20___ •

20___ •

20___ •

20___ •

20___ •

FEBRUARY

아이가 잠들었던
재미있는 장소/시간/상황은?

20___ . _____

20___ . _____

20___ . _____

20___ . _____

20___ . _____

FEBRUARY

가장 기억에 남는 고백은?

20____ •

20____ •

20____ •

20____ •

20____ •

FEBRUARY

가족이나 친구들 앞에서
'선언'하고 싶은 것이 있다면?

20 ___ •

20 ___ •

20 ___ •

20 ___ •

20 ___ •

FEBRUARY

요즘 집어치우고 싶은 일은?

20____ · _____

20____ · _____

20____ · _____

20____ · _____

20____ · _____

FEBRUARY

너무 신이 나서 숨이 턱턱 막혔던
일에 대해 써보자.

20___ • _____

20___ • _____

20___ • _____

20___ • _____

20___ • _____

FEBRUARY

좀처럼 결정하기
어려운 일은?

20 __ . _____

20 __ . _____

20 __ . _____

20 __ . _____

20 __ . _____

FEBRUARY

윤년: 보너스로 주어진 오늘 하루,
무엇을 했는가?

20____ • _____

20____ • _____

20____ • _____

20____ • _____

20____ • _____

MARCH 1

언제 엄마가 가장 그리운가?

20___ • _____

20___ • _____

20___ • _____

20___ • _____

20___ • _____

MARCH

봄이 오면 가장 하고 싶은 것은?

20 ___ •

20 ___ •

20 ___ •

20 ___ •

20 ___ •

MARCH

요즘 나의 금요일 밤은 어떠한가?

20____ •

20____ •

20____ •

20____ •

20____ •

MARCH

내 유년 시절과 비교할 때
요즘 아이들은 행복할까?

20___ • _____

20___ • _____

20___ • _____

20___ • _____

20___ • _____

MARCH 5

5년 후 나는 어떤 삶을 살고 있을까?

20 ·

20 ·

20 ·

20 ·

20 ·

MARCH

오늘 뭐하고 놀았는가?

20___ . _____

20___ . _____

20___ . _____

20___ . _____

20___ . _____

MARCH

아이에게 가장 많이 사용하는
단어나 표현은 무엇인가?

20____ • _____

20____ • _____

20____ • _____

20____ • _____

20____ • _____

MARCH

내 자랑을 실컷 해보자.

20 __ · _____

20 __ · _____

20 __ · _____

20 __ · _____

20 __ · _____

MARCH

요즘 유난히 내 마음을 끄는 것은?

20___ ·

20___ ·

20___ ·

20___ ·

20___ ·

10

MARCH

내가 버려야 할 생각이나
감정은 무엇인가?

20 _ · _____

20 _ · _____

20 _ · _____

20 _ · _____

20 _ · _____

MARCH

외롭고 쓸쓸한가?

20 ___ • _____

20 ___ • _____

20 ___ • _____

20 ___ • _____

20 ___ • _____

12

MARCH

상담이 필요한가?

20___ • _____

20___ • _____

20___ • _____

20___ • _____

20___ • _____

MARCH 13

지난주에 아이와 내가
_____을(를) 해서 다행이다.

20___ . _____

20___ . _____

20___ . _____

20___ . _____

20___ . _____

MARCH

직장에 다니는 엄마(또는 전업주부)로서
가장 힘든 점이 있다면?

20 ___ • _____

20 ___ • _____

20 ___ • _____

20 ___ • _____

20 ___ • _____

MARCH 15

지금 나에게 필요한 것은
도전인가, 만족인가?

20___ •

20___ •

20___ •

20___ •

20___ •

16 MARCH

작고 소박해서 아름다운 것은?

20___ •

20___ •

20___ •

20___ •

20___ •

MARCH 17

우리 아이는 어떤 점에서 운이 좋은가?

20___ • _____

20___ • _____

20___ • _____

20___ • _____

20___ • _____

18

MARCH

가장 친한 친구들과
마지막으로 모인 때는 언제인가?

20___ . _____

20___ . _____

20___ . _____

20___ . _____

20___ . _____

MARCH

우리 가족이 애타게
기다리고 있는 것은 무엇인가?

20 ___ .

20 ___ .

20 ___ .

20 ___ .

20 ___ .

MARCH

20

다른 엄마들 중에서 현재
어려운 일을 겪고 있는 사람이 있는가?

20___ . _____

20___ . _____

20___ . _____

20___ . _____

20___ . _____

MARCH

나의 꿈은 언제 이루어질까?

20___ •

20___ •

20___ •

20___ •

20___ •

MARCH

터프하다, 애정이 넘친다,
너그럽다 등등
나의 육아 스타일을 몇몇 단어로 설명해보자.

20 ___ · _____

20 ___ · _____

20 ___ · _____

20 ___ · _____

20 ___ · _____

MARCH

오늘 아침에 일어났을 때
어떤 기분이 들었는가?

20____ •

20____ •

20____ •

20____ •

20____ •

MARCH

죽을 때 가장
후회할 것 같은 일은?

20___ • _____

20___ • _____

20___ • _____

20___ • _____

20___ • _____

MARCH

언제 뜨거운 열정이
솟아오르는가?

20 __ • _____

20 __ • _____

20 __ • _____

20 __ • _____

20 __ • _____

MARCH

엄마로 사는 나를
가슴 뭉클하게 만드는 것은 무엇인가?

20___ • _____

20___ • _____

20___ • _____

20___ • _____

20___ • _____

MARCH 27

가족들이 좋아하는
나의 애정 표현 방식은?

20___ •

20___ •

20___ •

20___ •

20___ •

MARCH

요즘 내 인생에서
가장 좋은 부분은 무엇인가?

20___ • _____

20___ • _____

20___ • _____

20___ • _____

20___ • _____

MARCH

나에게 직언을 해주는 사람은?
그것을 잘 받아들이는가?

20 ___ •

20 ___ •

20 ___ •

20 ___ •

20 ___ •

MARCH

나는 뉴요커인가,
파리지앵느인가?

20___ • _____

20___ • _____

20___ • _____

20___ • _____

20___ • _____

MARCH

가장 큰 카타르시스를
느낀 일은 무엇인가?

20 __ · _____

20 __ · _____

20 __ · _____

20 __ · _____

20 __ · _____

1 APRIL

나는 아직 젊은가?

20___ ·

20___ ·

20___ ·

20___ ·

20___ ·

APRIL

나의 일요일 아침은 어떤 풍경인가?

20____ • _____

20____ • _____

20____ • _____

20____ • _____

20____ • _____

# APRIL

아직 자녀가 없는
친구들과의 관계는 어떠한가?

20___ •

20___ •

20___ •

20___ •

20___ •

APRIL

요즘 마음을 무겁게 만드는
뉴스나 일은?

20____ •

20____ •

20____ •

20____ •

20____ •

5

APRIL

나는 사람에게
쉽게 빠지는 스타일인가?

20 __ •

20 __ •

20 __ •

20 __ •

20 __ •

APRIL

오늘 활기찬 모습이었는가?

20___ • _____

20___ • _____

20___ • _____

20___ • _____

20___ • _____

APRIL

생각만 해도 절로 웃음이 나는 일은?

20___ •

20___ •

20___ •

20___ •

20___ •

APRIL

요즘 아이의 정서는 안정적인가?

20 _ · _____

20 _ · _____

20 _ · _____

20 _ · _____

20 _ · _____

APRIL

할아버지, 할머니를
생각나게 하는 것은?

20 _ _ . _____

20 _ _ . _____

20 _ _ . _____

20 _ _ . _____

20 _ _ . _____

APRIL 10

노후를 위해 준비하고 있는 것은?

20___ •

20___ •

20___ •

20___ •

20___ •

11 APRIL

내 아이 말고 예뻐하는 아이가 있는가?
누구인가?

20 ___ •

20 ___ •

20 ___ •

20 ___ •

20 ___ •

APRIL 12

가장 최근에 액자에 넣어
진열한 사진은 무엇인가?

20 ___ •

20 ___ •

20 ___ •

20 ___ •

20 ___ •

13

APRIL

사랑 없이 살 수 있는가?

20___ •

20___ •

20___ •

20___ •

20___ •

APRIL

이번 주에 아무런 방해도 받지 않고 보낸
가장 긴 '나만의' 시간은?

20 ___ •

20 ___ •

20 ___ •

20 ___ •

20 ___ •

15

APRIL

가장 최근에
울음을 터뜨린 일은 무엇인가?

20 ___ .

20 ___ .

20 ___ .

20 ___ .

20 ___ .

APRIL 16

지금 어떤 반지를
손가락에 끼고 있는가?

20___ •

20___ •

20___ •

20___ •

20___ •

17

APRIL

좀 더 친해지고 싶은 아이 엄마는 누구인가?

20___ • _____

20___ • _____

20___ • _____

20___ • _____

20___ • _____

APRIL

최근에 아이를 위해 구입한 물건은?

20___ •

20___ •

20___ •

20___ •

20___ •

19

APRIL

내 자신에 대해
좀 더 너그러워져야 할 때는?

20___ • _____

20___ • _____

20___ • _____

20___ • _____

20___ • _____

APRIL

아이가 엄마에게
어떻게 고마움을 표시하는가?

20 __ · _____

20 __ · _____

20 __ · _____

20 __ · _____

20 __ · _____

21

APRIL

시간을 절약하는
나만의 비결이 있다면?

20 ___ . _____

20 ___ . _____

20 ___ . _____

20 ___ . _____

20 ___ . _____

APRIL 22

최근에 누가 나의 이름을
불러주었는가?

20 _ _ . _____

20 _ _ . _____

20 _ _ . _____

20 _ _ . _____

20 _ _ . _____

23

APRIL

요즘 잔소리가 많은 편인가?

20 ___ • _____

20 ___ • _____

20 ___ • _____

20 ___ • _____

20 ___ • _____

APRIL

아이가 조용히 혼자서
하기 좋아하는 일은?

20____ · _____

20____ · _____

20____ · _____

20____ · _____

20____ · _____

APRIL

어떤 태도, 어떤 습관이
내 삶을 바꿀 수 있을까?

20 _ _ . _

20 _ _ . _

20 _ _ . _

20 _ _ . _

20 _ _ . _

APRIL

작년 이맘때와 비교할 때
나는 무엇이 얼마나 변화했는가?

20___ • _____

20___ • _____

20___ • _____

20___ • _____

20___ • _____

APRIL 27

지금 내 마음이 하는 말을
적어보자.

20____ ·

20____ ·

20____ ·

20____ ·

20____ ·

APRIL 28

요즘 아이에게 가장 섭섭한 일은
무엇인가?

20 ___ .

20 ___ .

20 ___ .

20 ___ .

20 ___ .

APRIL

가족의 행복이 곧 나의 행복인가?

20___ • _____

20___ • _____

20___ • _____

20___ • _____

20___ • _____

APRIL

가족과 함께 도전해보고 싶은 일은
무엇인가?

20___ .

20___ .

20___ .

20___ .

20___ .

MAY

1

현재의 수입에서 가장 큰 지출항목은?

20___ • _____

20___ • _____

20___ • _____

20___ • _____

20___ • _____

MAY

엄마가 된 후에 경험한
가장 슬픈 일은 무엇인가?

20 ___ .

20 ___ .

20 ___ .

20 ___ .

20 ___ .

MAY

아이가 만약 유명인이 된다면 어떤 일로 유명해질까?

20___ •

20___ •

20___ •

20___ •

20___ •

MAY

나는 _____한 집안 분위기를
만들려고 노력한다.

20___ • _____

20___ • _____

20___ • _____

20___ • _____

20___ • _____

MAY

5

모르는 사람이 아이에 대해 한 말은?

20 ___ •

20 ___ •

20 ___ •

20 ___ •

20 ___ •

MAY

내일 뭐든지 할 수 있다면
무엇을 할 것인가?

20___ • _____

20___ • _____

20___ • _____

20___ • _____

20___ • _____

MAY

오늘 나의 상태를 날씨로 표현한다면?
(햇빛 쨍쨍, 회오리바람 등)

20 ___ • _____

20 ___ • _____

20 ___ • _____

20 ___ • _____

20 ___ • _____

MAY

사람들은 나의 어떤 점을
가장 두려워할까?

20 _ . _____

20 _ . _____

20 _ . _____

20 _ . _____

20 _ . _____

MAY

아이가 순진무구하다고
느꼈던 적은?

20___ . _____

20___ . _____

20___ . _____

20___ . _____

20___ . _____

MAY 10

요즘 주변 엄마들이
가장 자주 하는 푸념은?

20___ •

20___ •

20___ •

20___ •

20___ •

MAY

아이와 외출할 때
꼭 챙기는 물건은 _____.

20___ •

20___ •

20___ •

20___ •

20___ •

MAY

내 자신이 아름답다고 느끼는가?

12

20___ •

20___ •

20___ •

20___ •

20___ •

13

MAY

스무 살로 돌아간다면
가장 하고 싶은 일은?

20___ ·

20___ ·

20___ ·

20___ ·

20___ ·

MAY

10~100까지의 숫자 중에서
하나를 고른다.
아이가 그 나이일 때 어떤 모습일까?

20 ___ •

20 ___ •

20 ___ •

20 ___ •

20 ___ •

15　MAY

주변에 가장 존경스러운 사람은
누구인가?

20 __ .

20 __ .

20 __ .

20 __ .

20 __ .

MAY 16

첫사랑을 종종 생각하는가?

20 ·

20 ·

20 ·

20 ·

20 ·

17

MAY

현재 아이와 나는
끊임없이 _____ 한다.

20___ . _____

20___ . _____

20___ . _____

20___ . _____

20___ . _____

MAY

"무슨 일을 하세요?"라는 질문에
뭐라고 답하는가?

20___ • _____

20___ • _____

20___ • _____

20___ • _____

20___ • _____

19

MAY

내 자신이 가장 사랑스러울 때는
언제인가?

20 ___ • _____

20 ___ • _____

20 ___ • _____

20 ___ • _____

20 ___ • _____

MAY 20

언제 가족의 소중함을 느끼는가?

20 __ •

20 __ •

20 __ •

20 __ •

20 __ •

21 MAY

약간의 죄책감을 느끼지만
절대 포기할 수 없는
즐거움은 무엇인가?

20___ . _____

20___ . _____

20___ . _____

20___ . _____

20___ . _____

MAY 22

내 삶에 좋은 영향을 끼치는
경쟁자는?

20___ •

20___ •

20___ •

20___ •

20___ •

MAY

요즘 식탁에서
가족과 어떤 대화를 나누는가?

20 _ _ . _____

20 _ _ . _____

20 _ _ . _____

20 _ _ . _____

20 _ _ . _____

MAY

아직도 생각 날 때마다
놀라운 일은 _____.

20___ • _____

20___ • _____

20___ • _____

20___ • _____

20___ • _____

25 MAY

기회가 주어진다면
어떤 무대에 서보고 싶은가?

20 ___ •

20 ___ •

20 ___ •

20 ___ •

20 ___ •

MAY

26

새롭게 변화를 주고 싶은
일과가 있는가?

20___ · _____

20___ · _____

20___ · _____

20___ · _____

20___ · _____

27 MAY

나만의 독특한 생각은?

20 __ ·

20 __ ·

20 __ ·

20 __ ·

20 __ ·

MAY 28

엄마로서 당당하고 의연하게
대처한 일은 무엇인가?

20___ • _____

20___ • _____

20___ • _____

20___ • _____

20___ • _____

MAY

요즘 학수고대하고 있는 일은?

20___ • _____

20___ • _____

20___ • _____

20___ • _____

20___ • _____

MAY 30

어떻게 죽고 싶은가?

20 ___ •

20 ___ •

20 ___ •

20 ___ •

20 ___ •

31

MAY

언제 한없이 센티멘털해지는가?

20____ •

20____ •

20____ •

20____ •

20____ •

JUNE 1

언제 용기백배하는가?

20 ___ •

20 ___ •

20 ___ •

20 ___ •

20 ___ •

JUNE

엄마가 되기 전까지는
내가 이런 말을 하게 될 줄
상상도 하지 못했다. _____.

20____ • _____

20____ • _____

20____ • _____

20____ • _____

20____ • _____

JUNE

최근에 아이를 부를 때
사용하는 별명이나 애칭은?

20___ • _____

20___ • _____

20___ • _____

20___ • _____

20___ • _____

JUNE

나는 로맨틱한 사람인가?

20___ . _____

20___ . _____

20___ . _____

20___ . _____

20___ . _____

JUNE

5

몹시 걱정했지만
기우(杞憂)에 지나지 않았던 일은?

20___ •

20___ •

20___ •

20___ •

20___ •

JUNE

의기소침해진 나를 북돋는
문장이나 주문을 적어보자.

20 ___ . _____

20 ___ . _____

20 ___ . _____

20 ___ . _____

20 ___ . _____

JUNE

입을 만한 옷이 있는가?

20____ • _____

20____ • _____

20____ • _____

20____ • _____

20____ • _____

JUNE

가장 좋아하는 액세서리는?

20 ___ . _____

20 ___ . _____

20 ___ . _____

20 ___ . _____

20 ___ . _____

JUNE

최근에 아이와 함께한
산책에 대해 써보자.

20 ___ • _____

20 ___ • _____

20 ___ • _____

20 ___ • _____

20 ___ • _____

10

JUNE

다른 엄마들이 하는 것들 중에서
내가 절대로 하지 않을 일이 있다면?

20___ • _____

20___ • _____

20___ • _____

20___ • _____

20___ • _____

JUNE

사람들은 나를 어떤 방식으로
지지해주는가?

20 _ _ . _____

20 _ _ . _____

20 _ _ . _____

20 _ _ . _____

20 _ _ . _____

JUNE

12

요즘 가장
안부가 궁금한 사람은?

20 __ . _____

20 __ . _____

20 __ . _____

20 __ . _____

20 __ . _____

JUNE 13

내가 엄마로서 내린
가장 흔하지 않은 선택은?

20___ • _____

20___ • _____

20___ • _____

20___ • _____

20___ • _____

JUNE

빨래나 집안일을 정복할 수 있는
방법이 있을까?

20 ___ . _____

20 ___ . _____

20 ___ . _____

20 ___ . _____

20 ___ . _____

JUNE 15

나는 가끔 아버지의
_____ 에 대해 생각한다.

20__ .

20__ .

20__ .

20__ .

20__ .

16 JUNE

내세가 있다고 믿는가? 그 이유는?

20____ • _____

20____ • _____

20____ • _____

20____ • _____

20____ • _____

JUNE 17

나는 누구인가?

20 __ . _____

20 __ . _____

20 __ . _____

20 __ . _____

20 __ . _____

18

JUNE

만일 내 아이가
학업 포기를 선언하면 어떻겠는가?

20___ •

20___ •

20___ •

20___ •

20___ •

JUNE 19

우리 동네가 아이들에게
좋은 점은 무엇인가?

20___ •

20___ •

20___ •

20___ •

20___ •

JUNE

얼마나 멀리 가보았는가?

20 _ _ . _____

20 _ _ . _____

20 _ _ . _____

20 _ _ . _____

20 _ _ . _____

JUNE

올 여름의 테마는
무엇이 되었으면 하는가?

20____ • _____

20____ • _____

20____ • _____

20____ • _____

20____ • _____

JUNE

지금 백마 탄 왕자가
나타난다면?

20___ •

20___ •

20___ •

20___ •

20___ •

JUNE 23

지금 살아 있어서
가장 다행한 일은 무엇인가?

20___ ·

20___ ·

20___ ·

20___ ·

20___ ·

JUNE

나는 아이가 _____에
집착하지 않는 사람으로
자라기를 바란다.

20___ . _____

20___ . _____

20___ . _____

20___ . _____

20___ . _____

JUNE 25

현재 우리 가족을 나타내는
세 단어는?

20___ · _____

20___ · _____

20___ · _____

20___ · _____

20___ · _____

JUNE

올해 아이가 눈에 띄게
달라진 것이 있다면?

20 __ •

20 __ •

20 __ •

20 __ •

20 __ •

JUNE 27

나는 SNS를 좋아한다(또는 싫어한다).
그 이유는?

20 .

20 .

20 .

20 .

20 .

JUNE

아이가 너무 예뻐서
눈을 뗄 수 없었던 순간은?

20___ •

20___ •

20___ •

20___ •

20___ •

JUNE

언제든 스스럼없이 찾아갈 수 있는
나의 멘토는?

20____ • _____

20____ • _____

20____ • _____

20____ • _____

20____ • _____

30

JUNE

지갑을 열지 않고는
못 배기는 순간은?

20____ . _____

20____ . _____

20____ . _____

20____ . _____

20____ . _____

JULY

최근 어떤 일에 서명했는가?

20 ___ . _____

20 ___ . _____

20 ___ . _____

20 ___ . _____

20 ___ . _____

JULY

다음 사실에 대해 생각해보자.
올해가 딱 절반이 지났다.

20___ • _____

20___ • _____

20___ • _____

20___ • _____

20___ • _____

JULY

나의 결단을 가로막는 가장 큰 장애물은?

20 ___ . _____

20 ___ . _____

20 ___ . _____

20 ___ . _____

20 ___ . _____

JULY

마지막으로
가족사진을 찍은 장소는?

20 ⋅ _____

20 ⋅ _____

20 ⋅ _____

20 ⋅ _____

20 ⋅ _____

JULY

최선의 결과를 얻은 일은 무엇인가?

5

20___ • _____

20___ • _____

20___ • _____

20___ • _____

20___ • _____

JULY

나의 묘비명을 지어보자.

20___ • _____

20___ • _____

20___ • _____

20___ • _____

20___ • _____

JULY

어떤 할머니가 되고 싶은가?

20 ___ • _____

20 ___ • _____

20 ___ • _____

20 ___ • _____

20 ___ • _____

JULY

내 삶에서 줄여야 할 것과
늘려야 할 것은?

20 ___ ·

20 ___ ·

20 ___ ·

20 ___ ·

20 ___ ·

JULY

언제 배신감을 느꼈는가?

20___ •

20___ •

20___ •

20___ •

20___ •

10

JULY

심도 있는 대화를 나눠보고 싶은
작가나 예술가는? 그 이유는?

20___ . _____

20___ . _____

20___ . _____

20___ . _____

20___ . _____

JULY

지금 이 순간 느끼는 행복을
1~10으로 표현한다면?

20___ •

20___ •

20___ •

20___ •

20___ •

12

JULY

아이가 정말로 보고 싶었을 때는 언제인가?

20___ . _____

20___ . _____

20___ . _____

20___ . _____

20___ . _____

JULY 13

원하는 것을 찾았는가?

20____ · _____

20____ · _____

20____ · _____

20____ · _____

20____ · _____

JULY

아이의 스승으로 삼고픈
유명인은? 그 이유는?

20 ___ • _____

20 ___ • _____

20 ___ • _____

20 ___ • _____

20 ___ • _____

JULY 15

어떤 노력을
가장 인정받고 싶은가?

20 ___ · _____

20 ___ · _____

20 ___ · _____

20 ___ · _____

20 ___ · _____

16

JULY

최근에 엄마로서의 능력을
시험당한 적은 언제인가?

20 ___ • _____

20 ___ • _____

20 ___ • _____

20 ___ • _____

20 ___ • _____

JULY

멋지게 복수했던 경험에 대해
적어보자.

20 ___ •

20 ___ •

20 ___ •

20 ___ •

20 ___ •

18

JULY

생각하는 대로 살고 있는가,
사는 대로 생각하는가?

20___ •

20___ •

20___ •

20___ •

20___ •

JULY 19

가장 소중한 일을
먼저 하고 있는가?

20____ . _____

20____ . _____

20____ . _____

20____ . _____

20____ . _____

20 JULY

올해 몇 번이나 정장을 입었는가?

20 ___ . _____

20 ___ . _____

20 ___ . _____

20 ___ . _____

20 ___ . _____

JULY

힘만 들고 표시도 안 나는 일 중에서
지금 미루고 있는 일은?

20___ . _____

20___ . _____

20___ . _____

20___ . _____

20___ . _____

JULY

마지막으로 운동한 것은
언제인가?

20 ___ .

20 ___ .

20 ___ .

20 ___ .

20 ___ .

JULY

무엇으로부터 도망치고 싶은가?

20 ___ .

20 ___ .

20 ___ .

20 ___ .

20 ___ .

JULY

아이와 함께하는
아름다운 순간에 대해 써보자.

20___ · _____

20___ · _____

20___ · _____

20___ · _____

20___ · _____

JULY 25

우리 집에서 침묵은
_____을(를) 뜻한다.

20___ • _____

20___ • _____

20___ • _____

20___ • _____

20___ • _____

26

JULY

오늘 하루를
5음절이나 7음절로 표현한다면?

20 ___ •

20 ___ •

20 ___ •

20 ___ •

20 ___ •

JULY 27

절대 타협할 수 없는 것은
무엇인가?

20___ • _____

20___ • _____

20___ • _____

20___ • _____

20___ • _____

JULY

최근에 다녀온
당일치기 여행에 대해 써보자.

20 _ _ .

20 _ _ .

20 _ _ .

20 _ _ .

20 _ _ .

JULY 29

요즘 사람들이 나에게
가장 많이 하는 질문은 무엇인가?

20 ___ •

20 ___ •

20 ___ •

20 ___ •

20 ___ •

30

JULY

때로는 슬픔도 힘이 되는가?

20 ___ •

20 ___ •

20 ___ •

20 ___ •

20 ___ •

JULY

내 장례식에 와줄 친구는
몇 명이나 될까?

20 __ . _____

20 __ . _____

20 __ . _____

20 __ . _____

20 __ . _____

1

AUGUST

집 주변에서 즐겨 찾는 곳은?

20___ · _____

20___ · _____

20___ · _____

20___ · _____

20___ · _____

AUGUST

아이를 학교에 보내는 이유는 무엇인가?

20___ •

20___ •

20___ •

20___ •

20___ •

AUGUST

나는 새 _____가(이) 꼭 필요하다.

20___ • _____

20___ • _____

20___ • _____

20___ • _____

20___ • _____

AUGUST

아이가 더 크기 전에 해주고 싶은 것은?

20____ • _____

20____ • _____

20____ • _____

20____ • _____

20____ • _____

5 AUGUST

사진이나 기록으로 남기지 못해
아쉬웠던 순간을 적어보자.

20 ___ • _____

20 ___ • _____

20 ___ • _____

20 ___ • _____

20 ___ • _____

AUGUST

엄마로 사는 게 이런 건지
미처 예상하지 못했던 것은?

20____ • _____

20____ • _____

20____ • _____

20____ • _____

20____ • _____

AUGUST

오로지 나만이 아이와 통하는 것은 무엇인가?

20___ . _____

20___ . _____

20___ . _____

20___ . _____

20___ . _____

AUGUST

현재 우리 가족은
조화로운 분위기에서 살아가는가?

20____ · _____

20____ · _____

20____ · _____

20____ · _____

20____ · _____

AUGUST

산티아고 순례길을 걸어보고 싶은가?
그 이유는?

20 ___ . _____

20 ___ . _____

20 ___ . _____

20 ___ . _____

20 ___ . _____

AUGUST 10

가장 최근에 한밤중까지 깨어 있었던 적은?

20___ · _____

20___ · _____

20___ · _____

20___ · _____

20___ · _____

11 AUGUST

가장 좋아하는 요일은 언제인가?
그 이유는?

20___ • _____

20___ • _____

20___ • _____

20___ • _____

20___ • _____

AUGUST 12

앞으로 10년 후에
우리 가족은 어떤 모습일까?

20 ___ •

20 ___ •

20 ___ •

20 ___ •

20 ___ •

AUGUST 13

아이는 오늘 아침에 일어나자마자 무엇을 했는가?

20___ • _____

20___ • _____

20___ • _____

20___ • _____

20___ • _____

AUGUST 14

내가 _____을(를)
사랑할 수 있었으면 좋겠다.

20___ •

20___ •

20___ •

20___ •

20___ •

15

AUGUST

최근에 나를 위해
돈을 쓴 적이 있는가?

20 ___ •

20 ___ •

20 ___ •

20 ___ •

20 ___ •

AUGUST 16

내 이름을 세상에 널리 알릴 수 있는
방법은 무엇일까?

20 ___ •

20 ___ •

20 ___ •

20 ___ •

20 ___ •

17

AUGUST

가장 일해보고 싶은 NGO 단체가 있다면?

20 ___ •

20 ___ •

20 ___ •

20 ___ •

20 ___ •

AUGUST 18

나는 살아가는 데 _____이(가)
왜 필요한지 모르겠다.

20___ •

20___ •

20___ •

20___ •

20___ •

19

AUGUST

누구에게 가장 미안한가?

20___ ·

20___ ·

20___ ·

20___ ·

20___ ·

AUGUST 20

왜 사냐고 묻는다면?

20___ •

20___ •

20___ •

20___ •

20___ •

21 AUGUST

나 혼자만 쓸 수 있는
작업실이나 공방이 필요한가?

20___ . _____

20___ . _____

20___ . _____

20___ . _____

20___ . _____

AUGUST 22

무엇이 가장 두려운가?

20___ • _____

20___ • _____

20___ • _____

20___ • _____

20___ • _____

AUGUST

작년의 베스트 프렌드(best friend)가
올해도 베스트 프렌드인가?

20___ •

20___ •

20___ •

20___ •

20___ •

AUGUST

헤어스타일을 언제 바꿨는가?
그 이유는?

20___ •

20___ •

20___ •

20___ •

20___ •

AUGUST

갚아야 할 빚이 얼마쯤 되는가?

20___ •

20___ •

20___ •

20___ •

20___ •

AUGUST

26

8월 중 가장 좋았던 날은?

20 ___ •

20 ___ •

20 ___ •

20 ___ •

20 ___ •

27

AUGUST

현재 아이의 키와 몸무게는?

20 ___ • _____

20 ___ • _____

20 ___ • _____

20 ___ • _____

20 ___ • _____

AUGUST

한 걸음 한 걸음
앞으로 나아가고 있는가?

20 ___ • _____

20 ___ • _____

20 ___ • _____

20 ___ • _____

20 ___ • _____

AUGUST

성공할 것 같은
사업 아이디어나 아이템이 있다면?

20 ___ •

20 ___ •

20 ___ •

20 ___ •

20 ___ •

AUGUST 30

차마 버리지 못해
갖고 있는 것은?

20___ ·

20___ ·

20___ ·

20___ ·

20___ ·

31

AUGUST

이번 주에 멈추고 싶었던
순간이 있는가?

20___ •

20___ •

20___ •

20___ •

20___ •

SEPTEMBER

1.

이맘때가 기다려지는 이유는?

20___ · _____

20___ · _____

20___ · _____

20___ · _____

20___ · _____

SEPTEMBER

가장 최근에 아이를 어디에 등록시켰는가?

20___ . _____

20___ . _____

20___ . _____

20___ . _____

20___ . _____

SEPTEMBER

나는 모선(母船)이다.
모선으로서의 나를 평가해보자.

20___ • _____

20___ • _____

20___ • _____

20___ • _____

20___ • _____

SEPTEMBER

가장 위험한 생각은?

20___ •

20___ •

20___ •

20___ •

20___ •

SEPTEMBER

5

지난달에 취미 생활을
즐길 시간이 있었는가?

20___ · _____

20___ · _____

20___ · _____

20___ · _____

20___ · _____

SEPTEMBER

항상 떨어지지 않게 준비해두는 게 있다면?

20 ___ •

20 ___ •

20 ___ •

20 ___ •

20 ___ •

SEPTEMBER

우리 아이는 _____에 민감하다.

20___ • _____

20___ • _____

20___ • _____

20___ • _____

20___ • _____

SEPTEMBER

'부모님의 말씀을 들을걸' 하고
후회가 되는 것은?

20 ___ .

20 ___ .

20 ___ .

20 ___ .

20 ___ .

SEPTEMBER

꼭 1등을 해보고 싶은 일은?

20 ___ •

20 ___ •

20 ___ •

20 ___ •

20 ___ •

10

SEPTEMBER

최근에 느낀 불편한 감정은 무엇인가?

20___ . _____

20___ . _____

20___ . _____

20___ . _____

20___ . _____

SEPTEMBER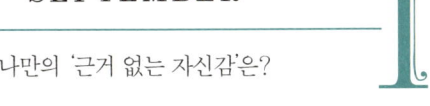

나만의 '근거 없는 자신감'은?

20 __ .

20 __ .

20 __ .

20 __ .

20 __ .

SEPTEMBER 12

지금 하지 않으면
영영 못할 것 같은 일은?

20 ___ • _____

20 ___ • _____

20 ___ • _____

20 ___ • _____

20 ___ • _____

SEPTEMBER 13

걱정을 사서 하는 편인가?

20 ___ •

20 ___ •

20 ___ •

20 ___ •

20 ___ •

SEPTEMBER

지금 나에게
응원의 한마디를 보낸다면?

20___ • _____

20___ • _____

20___ • _____

20___ • _____

20___ • _____

SEPTEMBER 15

내 삶의 구체적인 희망은?

20 ___ •

20 ___ •

20 ___ •

20 ___ •

20 ___ •

16

SEPTEMBER

_____를(을) 통해 아이에게
훌륭한 본보기가 되어주고 싶다.

20___ . _____

20___ . _____

20___ . _____

20___ . _____

20___ . _____

SEPTEMBER 17

내가 생각하는 필요악은?

20___ .

20___ .

20___ .

20___ .

20___ .

18

SEPTEMBER

박수갈채를 받은 적은 언제인가?

20____ · _____

20____ · _____

20____ · _____

20____ · _____

20____ · _____

SEPTEMBER 19

유언장을 간단히 만들어보자.

20___ •

20___ •

20___ •

20___ •

20___ •

SEPTEMBER

요즘 잘 보이고 싶은
사람이 있다면?

20 ___ •

20 ___ •

20 ___ •

20 ___ •

20 ___ •

SEPTEMBER

주말이 기다려지는 이유는?

20 _ •

20 _ •

20 _ •

20 _ •

20 _ •

SEPTEMBER

가을이다.
누구에게 편지를 쓰고 싶은가?

20 ___ •

20 ___ •

20 ___ •

20 ___ •

20 ___ •

SEPTEMBER 23

시간이 지나도
변하지 않았으면 하는 것은?

20 ___ •

20 ___ •

20 ___ •

20 ___ •

20 ___ •

SEPTEMBER

속마음을
털어놓을 수 있는 사람은?

20___ •

20___ •

20___ •

20___ •

20___ •

SEPTEMBER 25

아이의 방에서 가장 마음에 드는 물건은 무엇인가?

20___ •

20___ •

20___ •

20___ •

20___ •

SEPTEMBER

내 목소리가 가장 커질 때는
언제인가?

20____ · _____

20____ · _____

20____ · _____

20____ · _____

20____ · _____

SEPTEMBER

현재 내 몸에 대해
어떻게 생각하는가?

20 ___ • _____

20 ___ • _____

20 ___ • _____

20 ___ • _____

20 ___ • _____

SEPTEMBER

언제 안타까운 마음이 드는가?

20 ⎯⎯ •

20 ⎯⎯ •

20 ⎯⎯ •

20 ⎯⎯ •

20 ⎯⎯ •

SEPTEMBER

우리 가족은 _____에
너무 무관심하다.

20___ •

20___ •

20___ •

20___ •

20___ •

SEPTEMBER

롤 모델로 삼고 싶은
여성이 있다면?

20 __ •

20 __ •

20 __ •

20 __ •

20 __ •

OCTOBER

정치에 관심이 있는가?

20____ · _____

20____ · _____

20____ · _____

20____ · _____

20____ · _____

OCTOBER

귀농할 수 있겠는가?

20 ___ •

20 ___ •

20 ___ •

20 ___ •

20 ___ •

OCTOBER

엄마로서 확고한 소신을 가지고 있는
부분이 있다면?

20 ___ •

20 ___ •

20 ___ •

20 ___ •

20 ___ •

OCTOBER

사랑의 유효기간은?

20___ · _____

20___ · _____

20___ · _____

20___ · _____

20___ · _____

OCTOBER 5

분통 터지는 일이 있는가?
여기에 털어놓자.

20 _____ · _____

20 _____ · _____

20 _____ · _____

20 _____ · _____

20 _____ · _____

OCTOBER

아이가 몇 살이 되면
독립시킬 수 있겠는가?

20____ •

20____ •

20____ •

20____ •

20____ •

OCTOBER

나를 평소보다 더 녹초로 만드는 일은?

20 __ •

20 __ •

20 __ •

20 __ •

20 __ •

OCTOBER

우리 가족은 올해 어떻게 변했는가?

20___ •

20___ •

20___ •

20___ •

20___ •

OCTOBER

가장 최근에 즐긴 문화생활은?

20____ · _____

20____ · _____

20____ · _____

20____ · _____

20____ · _____

OCTOBER

10

원하는 삶에 몇 퍼센트쯤
접근해 있는가?

20___ . _____

20___ . _____

20___ . _____

20___ . _____

20___ . _____

OCTOBER 11

최근에 관람한 19금 영화는?

20 ___ .

20 ___ .

20 ___ .

20 ___ .

20 ___ .

12

OCTOBER

다른 집에서도 다 하니까
어쩔 수 없이 하는 일은?

20___ · _____

20___ · _____

20___ · _____

20___ · _____

20___ · _____

OCTOBER 13

모성애는 왜 부성애보다 강할까?

20 _ ·

20 _ ·

20 _ ·

20 _ ·

20 _ ·

14

OCTOBER

무엇이 효도일까?

20 ___ • ___

20 ___ • ___

20 ___ • ___

20 ___ • ___

20 ___ • ___

OCTOBER 15

올해 가장 뼈아픈 후회는?

20___ •

20___ •

20___ •

20___ •

20___ •

16

OCTOBER

아이를 좌절하게 만드는 것은 무엇인가?

20 ___ •

20 ___ •

20 ___ •

20 ___ •

20 ___ •

OCTOBER 17

나이 들면서 점점 좋아지는 것은?

20___ · _____

20___ · _____

20___ · _____

20___ · _____

20___ · _____

18

OCTOBER

간절하게 그리운 것이 있다면?

20____ •

20____ •

20____ •

20____ •

20____ •

OCTOBER 19

아이가 나에게 해준 가장 멋진 칭찬은?

20___ •

20___ •

20___ •

20___ •

20___ •

OCTOBER

아이의 성교육에 적극적인가?

20 __ •

20 __ •

20 __ •

20 __ •

20 __ •

OCTOBER

엄마와 단둘이 함께 가고 싶은
여행지는?

20 ___ •

20 ___ •

20 ___ •

20 ___ •

20 ___ •

OCTOBER

오늘 아이는
_____처럼 행동했다.

20___ .

20___ .

20___ .

20___ .

20___ .

OCTOBER 23

올해 최고의 선택은?

20 __ • _____

20 __ • _____

20 __ • _____

20 __ • _____

20 __ • _____

OCTOBER

가장 한심해 보이는
남자가 있다면?

20 _ •

20 _ •

20 _ •

20 _ •

20 _ •

OCTOBER 25

아이를 너무 순종적으로
키우고 있지는 않은가?

20___ ·

20___ ·

20___ ·

20___ ·

20___ ·

OCTOBER

평정심을
되찾게 해주는 것이나 사람은?

20 ___ •

20 ___ •

20 ___ •

20 ___ •

20 ___ •

OCTOBER 27

아이에게 _____을(를)
주고 싶다.

20 ___ •

20 ___ •

20 ___ •

20 ___ •

20 ___ •

OCTOBER

상처 받았던 말은?

20___ •

20___ •

20___ •

20___ •

20___ •

OCTOBER

엄마는
나를 어떤 엄마로 평가하실까?

20 __ •

20 __ •

20 __ •

20 __ •

20 __ •

OCTOBER

누구에게나 통용되는
진리가 있다면?

20___ . _____

20___ . _____

20___ . _____

20___ . _____

20___ . _____

OCTOBER

아이에게 핼러윈 의상이 있는가?
어떤 의상인가?

20____ •

20____ •

20____ •

20____ •

20____ •

1 — NOVEMBER

나는 요즘 줄곧 _____에 대한 상상을 한다.

20___ •

20___ •

20___ •

20___ •

20___ •

NOVEMBER

나에게 도움을 준
냉철한 판단은 무엇이었는가?

20___ · _____

20___ · _____

20___ · _____

20___ · _____

20___ · _____

NOVEMBER

엄마로서 현재 사는 동네에 대해
감사하게 생각하는 부분은?

20____ •

20____ •

20____ •

20____ •

20____ •

NOVEMBER

아이는 어떻게 나의 인내심을 시험하는가?

20 ___ •

20 ___ •

20 ___ •

20 ___ •

20 ___ •

5

NOVEMBER

다음 주 중에 시간을 내어
_____을(를) 할 것이다.

20___ • _____

20___ • _____

20___ • _____

20___ • _____

20___ • _____

NOVEMBER

내 인생은 짧은가?

20____ · _____

20____ · _____

20____ · _____

20____ · _____

20____ · _____

NOVEMBER

올해 가장 극적이었던 순간은?

20__ ·

20__ ·

20__ ·

20__ ·

20__ ·

NOVEMBER

_____은(는)
내 기대에 미치지 못했다.

20___ •

20___ •

20___ •

20___ •

20___ •

NOVEMBER

가장 최근에 감동적으로 읽은
아동서는?

20 ___ •

20 ___ •

20 ___ •

20 ___ •

20 ___ •

NOVEMBER 10

아이가 운전을 할 수 있다면
나를 어디에 데려갈까?

20___ •

20___ •

20___ •

20___ •

20___ •

NOVEMBER

11

최근에 붙잡고 있는 화두는 무엇인가?

20___ • _____

20___ • _____

20___ • _____

20___ • _____

20___ • _____

NOVEMBER 12

위로받고 싶은가? 그 이유는?

20___ · _____

20___ · _____

20___ · _____

20___ · _____

20___ · _____

13

NOVEMBER

현재 계획 중인
깜짝 이벤트가 있는가?

20___ • _____

20___ • _____

20___ • _____

20___ • _____

20___ • _____

NOVEMBER

솔직히 나는
_____가(이) 질투 난다.

20___ •

20___ •

20___ •

20___ •

20___ •

15

NOVEMBER

아이의 창의력을 길러주기 위해
노력하는 것은?

20 ___ •

20 ___ •

20 ___ •

20 ___ •

20 ___ •

NOVEMBER

아이의 욕설을 들은 적 있는가?

20 ___ .

20 ___ .

20 ___ .

20 ___ .

20 ___ .

17

NOVEMBER

최근에 나눈 가장 좋았던
'어른다운' 대화에 대해 적어보자.

20___ · _____

20___ · _____

20___ · _____

20___ · _____

20___ · _____

NOVEMBER

다음에는 다르게
시도해보고 싶은 일이 있다면?

20 ___ • _____

20 ___ • _____

20 ___ • _____

20 ___ • _____

20 ___ • _____

19 NOVEMBER

가족의 식단에 대해
고수하는 원칙이 있다면?

20____ㆍ

20____ㆍ

20____ㆍ

20____ㆍ

20____ㆍ

NOVEMBER

갈수록 점점 쉽게
느껴지는 일은 무엇인가?

20 __ •

20 __ •

20 __ •

20 __ •

20 __ •

NOVEMBER

가족과 함께 하루 동안
어디로든 순간 이동할 수 있다면
어디에 가고 싶은가?

20 ___ •

20 ___ •

20 ___ •

20 ___ •

20 ___ •

NOVEMBER 22

진심으로 감사하게 생각하는 것은
무엇인가?

20 ___ •

20 ___ •

20 ___ •

20 ___ •

20 ___ •

NOVEMBER

아이는 어떤 방식으로
내 삶을 의미 있게 만들어주는가?

20___ •

20___ •

20___ •

20___ •

20___ •

NOVEMBER

새로 시작하거나 지켜나가고 싶은
우리 가족의 전통이 있다면?

20 __ · _____

20 __ · _____

20 __ · _____

20 __ · _____

20 __ · _____

NOVEMBER

최근에 특별히 쉽거나 어려웠던
이별을 겪은 적 있는가?

20___ . _____

20___ . _____

20___ . _____

20___ . _____

20___ . _____

NOVEMBER 26

요즘 아이가 입는
가장 귀여운 옷은?

20 ___ . _____

20 ___ . _____

20 ___ . _____

20 ___ . _____

20 ___ . _____

NOVEMBER

_____는(은)
나에게 영감을 준다.

20___ • _____

20___ • _____

20___ • _____

20___ • _____

20___ • _____

NOVEMBER 28

내 삶에 언제쯤,
어떤 반전이 있을 것 같은가?

20 ___ •

20 ___ •

20 ___ •

20 ___ •

20 ___ •

NOVEMBER

엄마라는 이름은
나를 _____ 하게 만들었다.

20___ • _____

20___ • _____

20___ • _____

20___ • _____

20___ • _____

NOVEMBER 30

현재 우리 가족 사이에서
유행하는 농담이 있다면?

20 ___ •

20 ___ •

20 ___ •

20 ___ •

20 ___ •

DECEMBER

우리 아이가 똑똑하다는 사실을
말해주는 것은?

20___ · _____

20___ · _____

20___ · _____

20___ · _____

20___ · _____

DECEMBER

오늘 아침 _____때문에 잠에서 깼다.

20___ • _____

20___ • _____

20___ • _____

20___ • _____

20___ • _____

DECEMBER

아이에게 특별상으로 무엇을 주는가?

20___ •

20___ •

20___ •

20___ •

20___ •

DECEMBER

올해 알게 된 최고의 사람은?

20__ • _____

_____

_____

20__ • _____

_____

_____

20__ • _____

_____

_____

20__ • _____

_____

_____

20__ • _____

_____

_____

5 DECEMBER

첫눈이 내리면 무엇을 하겠는가?

20 ___ •

20 ___ •

20 ___ •

20 ___ •

20 ___ •

DECEMBER

이번 주에 가장 즐거웠던 일과
가장 재미없었던 일은?

20___ • _____

20___ • _____

20___ • _____

20___ • _____

20___ • _____

DECEMBER

내년에 아이에게 바라는 게 있다면?

20__ ·

20__ ·

20__ ·

20__ ·

20__ ·

DECEMBER

나는 _____에 압박감을 느낀다.

20___ • _____

20___ • _____

20___ • _____

20___ • _____

20___ • _____

DECEMBER

지금 이 순간 꼭 해야 할 일이 없다면
뭘 하겠는가?

20 ___ • _____

20 ___ • _____

20 ___ • _____

20 ___ • _____

20 ___ • _____

DECEMBER

나에 대한 주변의 평판은 어떠한가?
구설수에 오른 적이 있는가? 그 이유는?

20 ___ · _____

20 ___ · _____

20 ___ · _____

20 ___ · _____

20 ___ · _____

11 DECEMBER

무엇 혹은 누가 엄마인 나에게
든든한 지원군이 되어주는가?

20___ • _____

20___ • _____

20___ • _____

20___ • _____

20___ • _____

DECEMBER

나는 아이들에게 왜 _____가(이)
필요한지 이해할 수 없다.

20__ . _____

20__ . _____

20__ . _____

20__ . _____

20__ . _____

13

DECEMBER

올해 아이와 가장 오래
떨어져 있었던 시간은?

20___ . _____

20___ . _____

20___ . _____

20___ . _____

20___ . _____

DECEMBER 14

아이가 부모 말고 가장 따르는 사람은?

20 ___ •

20 ___ •

20 ___ •

20 ___ •

20 ___ •

15

DECEMBER

내년 재테크 계획을
간략하게 구상해보자.

20___ • _____

20___ • _____

20___ • _____

20___ • _____

20___ • _____

DECEMBER

아이의 조부모님이 갖고 계신
좋은 점에 대해 써보자.

20____ · _____

20____ · _____

20____ · _____

20____ · _____

20____ · _____

17

DECEMBER

내 삶에서 좋은 중독과
나쁜 중독은?

20 ___ •

20 ___ •

20 ___ •

20 ___ •

20 ___ •

DECEMBER

아이와 함께 _____할 일이
몹시 기다려진다.

20___ •

20___ •

20___ •

20___ •

20___ •

19

DECEMBER

요즘 누구를 위해 기도하는가?

20____ · _____

20____ · _____

20____ · _____

20____ · _____

20____ · _____

DECEMBER 20

올해 내 삶에
별점을 매긴다면?

20 ___ . _____

20 ___ . _____

20 ___ . _____

20 ___ . _____

20 ___ . _____

21 DECEMBER

올해 내 삶에 가장 큰 영향을
끼친 사건이나 사람은?

20___ ·

20___ ·

20___ ·

20___ ·

20___ ·

DECEMBER

가장 최근에 누군가 선의에서 해준
자녀 교육 조언은 무엇인가?

20____ • _____

20____ • _____

20____ • _____

20____ • _____

20____ • _____

DECEMBER

올해의 가장 소중한 기념품은?

20 ___ • _____

20 ___ • _____

20 ___ • _____

20 ___ • _____

20 ___ • _____

DECEMBER

올해 오직 나를 위해
몇 권의 책을 읽었는가?

20 ___ • _____

20 ___ • _____

20 ___ • _____

20 ___ • _____

20 ___ • _____

DECEMBER

유년 시절, 가장 받고 싶었던
선물은 무엇인가?

20___ .

20___ .

20___ .

20___ .

20___ .

DECEMBER

올해 주변의 어떤 엄마가
가장 부러웠는가?

20____ · _____

20____ · _____

20____ · _____

20____ · _____

20____ · _____

DECEMBER

현재 아이의
방 상태를 적어보자.

20__ . _____

20__ . _____

20__ . _____

20__ . _____

20__ . _____

DECEMBER

올해 아이가
두려움을 극복한 에피소드는?

20 ___ •

20 ___ •

20 ___ •

20 ___ •

20 ___ •

DECEMBER

올해 나 자신에 대해
새롭게 알게 된 사실은 무엇인가?

20____ · _____

20____ · _____

20____ · _____

20____ · _____

20____ · _____

DECEMBER 30

올해 아이에 대해
새롭게 알게 된 사실은 무엇인가?

20____ • _____

20____ • _____

20____ • _____

20____ • _____

20____ • _____

31   DECEMBER

'올해의 엄마' 상을 받는다면
수상 소감은?

20___ .

20___ .

20___ .

20___ .

20___ .

옮긴이 정지현 일상의 정취가 묻어나는 이야기를 사랑하는 그녀는 미국에서 딸을 키우며 번역 활동에 대한 사랑도 함께 키워나가고 있다. 현재 출판번역 에이전시 베네트랜스에서 전속 번역가로 활동 중이다.

Q&A a Day for Moms : 꿈이 있는 엄마의 5년 이야기

1판 1쇄 발행 2016년 4월 18일
1판 2쇄 발행 2016년 10월 1일

지은이 포터 스타일 **옮긴이** 정지현
발행인 오영진 김진갑 **발행처** (주)심야책방

출판등록 2013년 1월 25일 제2013-000028호
주소 서울시 마포구 월드컵북로5가길 12 서교빌딩 2층
전화 02-332-3310 **팩스** 02-332-7741
홈페이지 www.tornadobook.co.kr
페이스북 www.facebook.com/tornadobook
Q&A a Day 인스타그램 www.instagram.com/qnaaday

종이 월드페이퍼(주) **인쇄·제본** 현문자현(주)

ISBN 979-11-5873-045-1 14840
　　　979-11-5873-043-7(set)

이 책은 저작권법에 따라 보호를 받는 저작물이므로 무단전재와 복제를 금하며,
이 책 내용의 전부 또는 일부를 사용하려면 반드시 저작권자와 (주)심야책방의 서면 동의를 받아야 합니다.

잘못되거나 파손된 책은 구입하신 서점에서 교환해드립니다.
책값은 뒤표지에 있습니다.

이 도서의 국립중앙도서관 출판예정도서목록(CIP)은 서지정보유통지원시스템 홈페이지(http://seoji.nl.go.kr)와 국가자료공동목록시스템(http://www.nl.go.kr/kolisnet)에서 이용하실 수 있습니다.
(CIP제어번호: CIP2016004532)